DE LA

CALOMNIE

POLITIQUE ET PÉRIODIQUE.

DE LA

CALOMNIE

POLITIQUE ET PÉRIODIQUE.

« La calomnie, Docteur!
» Vous ne savez pas ce que vous négligez;
» la calomnie! j'ai vu les plus honnêtes gens
» près d'en être accablés : et nous avons ici
» des gens d'une adresse!.....

BAZILE, *Barbier de Séville.*

PAR M. LE COMTE M^{ce}. DE MONTGAILLARD.

A PARIS,

CHEZ CHARLES, IMPRIMEUR, RUE DAUPHINE, N°. 36.
ET CHEZ LES MARCHANDS DE NOUVEAUTÉS.

Septembre, 1814.

DE LA CALOMNIE

POLITIQUE ET PÉRIODIQUE.

Ce n'est pas un procès-verbal que je veux faire, ce n'est pas non plus un *factum* que je prétends écrire. En blâmant sans amertume ce qui me paraît blâmable, en parlant des tentatives que l'on hasarde chaque jour contre une charte que chaque jour l'on déclare inviolable, je n'ai d'autre intention que de signaler les pas que des ministres cherchent à faire vers le despotisme, depuis l'instant où le monarque nous a donné les tables de la loi qui doit régir nos libertés et nos propriétés. Le despotisme ministériel, ou plutôt le despotisme de l'ancien régime, veut marcher à pas de géant; on dirait qu'il croit n'avoir plus besoin de déguiser ses intentions, tant certains projets de loi les dévoilent : et déjà les hommes qui veulent détruire les droits de la nation, et rendre nulles les promesses solennelles de Louis XVIII, déjà ces hommes manifestent une impatience qui trahit leurs desseins et fait entrevoir leur arrière pensée.

Les ministres ne prononcent pas une parole qui n'annonce le désir et la volonté de respecter les libertés publiques, les droits civils des Français, et l'on cherche à déchirer pièce à pièce les articles de la loi fondamentale qui les assure, et l'on multiplie impunément les diffamations individuelles et les propositions arbitraires; je dis arbitraires, parce qu'elles sont inconstitutionnelles, contraires à la parole et par conséquent à la volonté du roi: l'on aperçoit des sentimens de haine, un système de vengeances, et, osons le dire puisque c'est la vérité, des projets de réaction politique; ils transpirent dans les actes que proposent des agens de l'autorité : l'on voit paraître des *protestations* (1) qui frappent de nullité tout ce qui a été institué, promis à la face de Dieu et des hommes. D'après cet écrit, monument d'un délire et d'une fureur inconcevables, tout serait *ingratiable*; nos victoires, la gloire de nos armées, nos institutions, tout serait *illégal*, jusques à la charte constitutionnnelle

(1) Protestations du parlement de Paris contre sa suppression; à Paris, chez Delaunay libraire, Palais-Royal. 1814.

et à la représentation nationale dont jouissent les Français ?

Il n'est pas un seul Français qui ne rende justice aux libérales et nobles intentions du monarque, à son amour du bien, à ses vertus royales ; après vingt-cinq ans d'agitations et de malheurs, tout le monde veut se reposer dans le sein d'une liberté sage, d'une monarchie paternelle et limitée ; de toutes parts l'on veut, l'on desire, l'on implore l'observation stricte d'une charte qui doit concilier tous les intérêts, calmer tous les ressentimens, et prévenir toutes les discordes. Quels sont donc les auteurs de ces étranges *protestations* contre la charte qui peut seule nous assurer de si grands bienfaits? Ce sont les mêmes hommes qui, le 30 avril 1788, (comme on le verra par la note placée à la fin de cet ouvrage,) ont ébranlé le trône, *dénoncé* et fait connaître à la nation tous ses droits, et ouvert sous ce prétexte tous les abîmes de la révolution.... Quelles refléxions, grand Dieu, ne font pas naître de si implacables réclamations, des demandes aussi absurdes, et une violation aussi criminelle de l'obéissance et du respect dûs à l'autorité royale ? Aussi l'inquiétude et la crainte sont-elles dans tous les esprits, de noirs pressentimens remplissent toutes les âmes ; l'on se défie du présent, l'on tremble sur l'avenir ; si l'on espère tout de la bonté du roi, l'on redoute tout de la perfidie de ces conseillers, (1) de ces courtisans qui voudraient élever un rempart de despotisme et de vengeances entre le monarque et le peuple, entre le père et les enfans. Voilà ce que tout le monde pense en secret, ce que tous les cœurs se disent, et ce que les ministres ne veulent point que la liberté de la presse apprenne au souverain.

Et cependant, cette révolution terrible qui doit être l'éternel sujet des méditations des monarques, des sages et des hommes d'état ; cette révolution qui a ébranlé, déplacé le monde politique, et dont on ne peut pas plus anéantir les effets qu'on ne peut en approuver ou en condamner les causes ; cette révolution que la sagesse d'un fils d'Henri IV, veut forcer de rentrer dans les principes d'ordre et de justice qui assurent la paix des états et la pros-

(1) C'est le cas de se rappeler ces magnifiques vers de Racine, dans Athalie,

« Bientôt ils vous diront que les plus saintes lois,
» Maîtresses du vil peuple, obéissent aux rois :
. . . .
» Hélas ! ils ont des Rois égaré le plus sage ! »

périté des peuples ; cette révolution pourrait renaître de ses cendres, si la volonté du monarque n'était pas plus éclairée, plus forte, plus inflexible que les prétentions, les haines, les regrets de certains hommes; de certains hommes qui veulent à la fois s'enrichir des débris du régime féodal, et profiter des funestes exemples du despotisme révolutionnaire, au lieu d'embrasser les maximes constitutionnelles, et de jouir des bienfaits d'une charte qui a tout su et tout oublié, qui a tout concilié et tout garanti.

Il faut, donc, le dire encore! la révolution française ne fut point la suite réfléchie d'un plan antérieur à la tenue des Etats-généraux; elle fut l'inévitable résultat du progrès des lumières, des fautes de la cour et des résistances aveugles des corps privilégiés, de la prodigieuse mobilité du caractère français, du despotisme et de la faiblesse des ministres, de la dissipation excessive des finances et d'un luxe devenu nécessaire à la misère même : elle fut la suite de l'éclatante rebellion de ces parlemens, qui enseignaient aux peuples la désobéissance *légale* à l'autorité des rois, de ces *tuteurs* de rois qui exhérédaient ou détrônaient leurs *pupilles*, et paralysaient à volonté l'action de la justice et la marche du gouvernement : elle fut la suite de la cupidité et des prétentions des ordres privilégiés de l'Etat, qui regrettaient les temps où les Français étaient attelés à la charrue des grands vassaux ecclésiastiques ou laïques. Ne craignons pas de retracer ces causes et leurs effets dont nous avons été si cruellement les victimes, puisque nous y trouvons de nouveaux motifs pour aimer, pour servir, pour défendre le monarque que la providence nous a rendu.

Qu'ils seraient donc coupables, qu'ils seraient insensés les hommes qui s'obstineraient à ne voir dans ce monarque qu'un roi de France de l'ancien régime, au lieu d'y voir le père de tous les Français et un roi constitutionnel ; qui, sous le voile d'un intérêt personnel et sous le faux prétexte de la raison d'état, pourraient conseiller à un fils d'Henri IV, de manquer aux plus saintes promesses, de dégrader la majesté du trône, et de violer les droits de la nation ; qui oseraient aigrir les amours-propres, méconnaître les services, insulter les opinions et diffamer tous les genres de gloire ; qui ne craindraient pas d'afficher les plus insolentes prétentions, d'attaquer des idées, des choses et des intérêts qu'une génération toute entière a voulus, établis, défendus et sanctionnés; qui enfin auraient l'audace, et croiraient avoir le pouvoir de frapper d'anathème, et de condamner à restitution entière une révolution qui a tout détruit par la force et tout renouvellé par la raison publique, dans les idées, dans les propriétés et dans les lois?

Prétendre, aujourd'hui, agir en sens contraire de ce que la charte a promis et ordonné; ce serait vouloir rallumer toutes les passions qu'elle avait éteintes; ce serait ressusciter les partis qu'elle avait étouffés; ce serait faire rentrer toutes les haines dans le champ de bataille dont elles sont à peine sorties, remettre en question la journée du 1er avril, et exciter par conséquent une guerre civile dont les artisans, dont les provocateurs seraient eux-mêmes les premières victimes. Il faut, aujourd'hui, oublier de part et d'autre qu'il y a eu une révolution en France; il faut se pénétrer de ces sentimens de bienveillance et de concorde dont le Roi nous a donné le généreux exemple; il faut se rallier *de bonne foi* et *pour toujours*, au tour de la charte promulguée par le monarque « qui nous reçut avec l'oubli total » du passé et qui prit le gouvernement les yeux

» fermés, » ainsi que l'a si bien dit un véritable ami du trône des Bourbons (1).

Je crois remplir les devoirs d'un bon Français, en m'élevant contre les infractions qu'on veut faire à la charte constitutionnelle, puisqu'elle est le *palladium* de la liberté publique, de la sureté des individus et de la stabilité du trône. Mais, comment la connaissance de ces infractions parviendrait-elle jusqu'aux oreilles de Sa Majesté, si la parole n'est plus libre, si des ministres ne sont point responsables des atteintes portées aux droits politiques et civils des sujets, si des agens de l'autorité exercent une dictature personnelle sur l'opinion publique, s'il est défendu de penser et de publier sa pensée, si les journaux enfin sont sous l'influence directe, et sous la censure de certains préposés du despotisme ministériel ?

L'esprit de l'homme est essentiellement actif, curieux et inquiet, parce que la crainte et l'espérance déterminent toutes ses actions; voilà pourquoi les grandes villes, où les hommes mettent leurs passions en commun, ont besoin de nouvelles et de nouveautés.

---

(1) Les remontrances du parterre, ou lettre d'un homme qui n'est rien, etc.

Par une suite de notre organisation morale, plus une chose sort de la ligne ordinaire des événemens, plus nous sommes portés à la croire. Aussi, les spectacles, tragiques ou comiques, des malheurs imaginaires, des aventures romanesques, intéresseront toujours les hommes. L'âme est naturellement avide de surprises, elle veut être émue aux dépens même de son repos : telles sont les raisons pour lesquelles un peuple profondément civilisé, ce qui veut dire dépouillé de toutes les habitudes généreuses qui sont le véritable fondement de la morale, éprouve chaque jour le désir d'un spectacle nouveau, et montre à chaque instant une curiosité nouvelle.

Les journaux satisfont ces besoins, ils sont devenus par conséquent des objets de première nécessité pour la plupart des peuples de l'Europe.

Qu'est-ce en effet qu'un journal ? Un crieur public qui annonce les découvertes faites dans la société, qui parle toujours à l'amour-propre, à l'intérêt et à la malignité, qui contracte envers le public l'obligation de satisfaire une curiosité toujours renaissante.

L'on voit, par cette définition, que les journaux peuvent et doivent exercer une grande influence sur l'esprit d'une nation, qu'ils ont la faculté de produire de grands biens ou de causer de grands maux.

Deux nations se livrent particulièrement, et avec une sorte de fureur, à la lecture des journaux ou écrits périodiques ; ce sont les Anglais et les Français (1).

Le caractère des deux peuples se montre dans leurs feuilles périodiques, et ce caractère explique en même temps l'effet qu'elles produisent sur l'esprit public des deux nations.

Que sont les journalistes en France, que sont les journalistes en Angleterre ?

En Angleterre, les écrivains de feuilles périodiques sont regardés comme les organes de l'opinion nationale, les soutiens de la liberté publique, les défenseurs de l'innocence opprimée et les appuis du faible calomnié par l'homme puissant ; les rédacteurs de ces feuilles se sont, en général, rendus si recommandables, que les journaux sont devenus, en quelque sorte, partie de la grande charte des droits ; car, en défendant la liberté de la presse, en usant journellement de cette liberté, ils

---

(1) Le Français est regardé par les plus grands physiologistes, et particulièrement par le célèbre médecin M. Pinel, comme *la nation la plus irritable* de l'Europe.

protègent les droits et garantissent les propriétés de tous les membres du corps social.

« Si l'autorité, dit un grand écrivain, (1) attente illégalement à la liberté du moindre citoyen, les journaux dénoncent cet acte arbitraire, la loi le venge; le ministre est incontinent condamné à l'amende envers le citoyen, et *il la paye*. Rien d'arbitraire en Angleterre, si non les grâces que le roi veut faire; les bienfaits émanent de lui, la loi fait le reste. Ajoutez, à tous ces avantages, le droit que tout homme a, parmi nous, de parler, par sa plume, à la nation entière. L'art admirable de l'imprimerie est, dans notre île, aussi libre que la parole; comment ne pas aimer une telle législation? »

« Nous avons, il est vrai, toujours deux partis, mais ils tiennent la nation en garde plutôt qu'ils ne la divisent; ces deux partis veillent l'un sur l'autre, et se disputent l'honneur d'être les gardiens de la liberté publique; nous avons des querelles, mais nous bénissons toujours cette heureuse constitution qui les fait naître, ce précieux monument que l'intelligence et le courage ont élevé : il nous a

(1) Voltaire, *Mélanges*, sur Bolingbroke.

trop coûté pour que nous le laissions détruire. »

Si les Anglais perdaient la liberté de la presse et les journaux, ces fiers insulaires croiraient avoir perdu la grande charte; et tel est leur juste enthousiasme pour cette indépendance de la pensée, qu'un personnage célèbre d'Angleterre, s'écriait, dans sa généreuse indignation contre le despotisme ministériel : « Si un ministre, si M. Pitt lui-même, voulait » violer notre liberté de la presse, j'irais à la » tête du peuple démolir sa maison. » Je ne voudrais certainement pas qu'on démolît l'hôtel d'un ministre, mais je désirerais qu'il obéît à la volonté de son roi, dont il est sujet aussi bien que moi; je désirerais en outre qu'il ne violât pas, contre sa propre conscience, les articles d'une charte qui déclare, en principe fondamental, que tous les sujets du roi ont le droit de publier et de faire imprimer leurs opinions? La loi accorde, les ministres refusent, et ils prétendent, en outre, servir fidèlement le monarque, en éludant ses promesses, et servir fidèlement la nation en violant ses droits.

En Angleterre, lorsqu'un particulier est attaqué par un ministre ou par un homme puissant, quel est son appui, son premier réfuge;

est-ce dans la lenteur des tribunaux, dans la forme des procédures? Non, c'est dans les journaux. L'opprimé cite l'oppresseur au tribunal de l'opinion; les faits y sont dénoncés, détaillés et prouvés : Le journaliste exerce, dans ce cas, un véritable ministère public; il redresse, il corrige, il éclaire l'opinion que le crédit ou le pouvoir allait égarer, et il force l'autorité à être juste.

Nous avons vu de grandes injustices, de grands traits de vénalité, de corruption, de despotisme, arrêtés et punis, en Angleterre, par la seule opinion publique éveillée par la puissance des journaux. Voilà les heureux effets que la liberté de la presse a produits et maintient, dans ce royaume, en faveur de tous les sujets et plus particulièrement des opprimés et des faibles. Les journalistes y sont une puissance bienfaisante, utile et, j'oserai dire, respectable, parce qu'elle est tutélaire.

Dans cette législation, les écrivains de feuilles périodiques sont considérés, par l'homme d'état, comme exerçant sur l'esprit public une grande et salutaire influence. Ces choses ont lieu, parce qu'il y a, en Angleterre, un esprit public, une patrie et des lois auxquels personne n'a le pouvoir de désobéir; les journaux ont créé cet esprit public, ils le soutiennent, et les lois veillent, de leur côté, à la liberté de la pensée, en même temps qu'elles protègent la sureté du citoyen.

Cette indépendance, dont jouissent les auteurs de feuilles périodiques, entraîne cependant quelques abus, et loin d'en être surpris, il faudrait s'étonner si le contraire avait lieu; car, il n'existera jamais d'institutions humaines, quelques parfaites qu'on veuille les supposer, où les abus ne s'introduisent, tôt ou tard, de même que la rouille finit toujours par s'attacher à l'acier le plus pur.

« Mais, ravir aux hommes la liberté de » penser, juste ciel! abrutir l'espèce humaine, » sous prétexte qu'elle peut abuser des lu- » mières! Commencez donc par nous couper » les mains qui peuvent écrire; arrachez-nous » la langue qui peut parler contre vous; arra- » chez-nous l'âme qui n'aurait alors, pour vous, » que des sentimens d'horreur; et quand vous » aurez fait cela, vous périrez victime de votre » propre imprudence, de l'abus de votre » propre despotisme. » Voltaire rapporte ces paroles dans ses *Dialogues et Entretiens philosophiques*, comme étant celles que prononçait, au sujet de la chambre ÉTOILÉE, un des plus grands hommes qu'ait produit l'Angleterre. Les abus de la liberté de la presse ont été réprimés, dans ce royaume, par l'emprisonnement et par des amendes très-fortes; ces abus y sont sans danger pour le gouvernement. M. l'abbé de Montesquiou nous l'apprend lui-même. « Ces feuilles, a dit S. Exc., se neutralisent, le gouvernement échappe à leurs vaines déclamations; elles n'ont aucune force contre la force du gouvernement; elles servent à amuser le public, et voilà tout. » Ainsi le ministre, qui propose de ravir aux Français la liberté de la presse, est obligé de convenir que la licence même de la presse est sans danger pour le gouvernement anglais; et comme, dans ce gouvernement, l'autorité royale est bien moins forte qu'elle ne l'est en France, d'après la charte constitutionnelle, il s'ensuit évidemment que l'autorité ministérielle ne peut avoir, en France, aucune raison légitime pour interdire la liberté de la presse; mais des ministres ont intérêt à ce que la *censure* soit établie, et ils veulent qu'on viole la charte pour établir la *censure* : ainsi, la presse serait libre pour les écrivains dont la plume obéirait aux volontés arbitraires des ministres, et elle ne serait pas libre pour les écrivains qui ne voudraient obéir qu'à la loi promulguée par Louis XVIII.

On ne citerait pas un seul exemple d'un écrivain, d'un journaliste coupables d'un abus grave, dans l'exercice de cette liberté, que les lois anglaises, instituées pour réprimer ces abus, n'ait atteint et puni; car, dans ce royaume, il existe des lois sévères contre la calomnie. Ces lois sont exécutées, parce que les tribunaux y sont indépendans de l'autorité royale et du despotisme ministériel, « parce que chaque accusé est jugé par ses pairs et n'est déclaré coupable que quand il sont d'accord sur le fait; parce que la loi comdamne sur le crime avéré et non sur la sentence arbitraire des juges, parce qu'il n'est pas permis d'interpréter la loi, c'est-à-dire, d'abandonner la fortune des citoyens au caprice, à la faveur et à la haine. » Lisez l'histoire d'Angleterre, vous ne trouverez pas un seul règne, une seule époque tant soit peu remarquable, où des hommes puissans n'aient été cités en justice par de simples particuliers, et condamnés à des amendes et à des peines très-fortes. Lisez l'histoire de France, vous y découvrirez bien quelques ministres ou favoris, condamnés par des commissaires ou jugés prévôtalement; mais des intrigues de cour ont toujours dicté ces jugemens sur lesquels le président Hénault, lui-même, n'a pas osé garder le silence; en sorte que la justice, exercée quelquefois en France, contre des ministres prévaricateurs, a été elle-même une atroce injustice. En revanche, on ne saurait trouver, dans nos annales, un seul individu obscur qui soit parvenu à obtenir justice contre un homme puissant; une lettre de cachet tuait l'homme, la loi et la justice tout à la fois.

Voici la raison de ces différences. En Angleterre, la constitution donne au roi pour prévenir les crimes et les délits, ou pour maintenir ce qu'on appelle *la paix du Roi*, toute la force qu'elle a pu imaginer; tout est de son choix; civil et militaire; tous ces officiers sont responsables, le Roi seul ne l'est pas. On est forcé d'obéir à tout *ordre légal* des délégués du roi, c'est-dire, à tout ordre dont la forme est régulière, et qui a passé par les gradations désignées par la loi : de manière que le plus élevé en autorité de tous ceux qui ont ordonné, répond, seul, de la concordance de l'ordre avec les lois, et tout subalterne ne peut être recherché que pour avoir refusé d'obéir : en France, c'est précisément le contraire.

Dans la constitution anglaise, aussitôt que le citoyen a obéi à la loi, ce prisonnier du Roi est inviolable, il est jugé dans un terme fixe et précis ; et *la paix du Roi* rétablie par l'arrestation du coupable, celui-ci ne reste plus que sous le pouvoir de la loi : il n'en est pas ainsi en France. .

Dans les lois anglaises, le fond et la forme de tous les actes d'arrestation et d'emprisonnement sont soumis à un rigoureux examen, à la demande de toutes personnes qui peuvent y avoir intérêt, et le cautionnement est admis dans tous les cas où la loi ne l'interdît pas nommément ; la loi a été plus que juste, elle s'est montrée libérale à cet égard ; car, il n'y à guères que les cas de rebellion ouverte et de haute trahison qui n'admettent pas le cautionnement. Le gardien de la prison qui aurait reçu un prisonnier sans un *mittimus*, ou ordre en forme légale, c'est-a-dire, qui ne ferait pas mention éxpresse de l'offense dont le détenu est coupable, le magistrat qui aurait contribué par un ordre à la détention de quelque personne en charte privée, l'officier de justice qui aurait contribué à prolonger cette détention, tout homme qui aurait empêché l'effet ou l'expédition d'un *habeas-corpus*, c'est-à-dire, de la représentation du détenu; sont passibles de dommages et intérêts très-considérables, et l'action se poursuit suivant la méthode criminelle. Toutes ces choses là n'existent point en France; la loi n'y peut presque rien, et le crédit d'un ministre peut tout.

Oui, je cite avec orgueil, parce que je suis homme, l'admirable constitution qui régit les trois-Royaumes. La loi de *l'habeas-corpus*, la loi de la liberté de la presse n'y laissent aucune ressource au despotisme; la sureté individuelle y est protégée contre la puissance judiciaire, et la liberté civile y est garantie contre la puissance exécutive. Les cas ont été si bien précisés et les bornes tellement fixées, le juge est si positivement obligé de s'en tenir à la lettre même de la loi, qu'aucun agent de l'autorité ne peut la violer impunément : là, il n'y a pas de place, en justice, pour un favori, pour un ministre; la liberté de la presse est toujours là; elle est aux écoutes pour guetter le despotisme, et elle tonne pour l'arrêter dans sa marche.

Un journaliste qui attente à la réputation d'un particulier, qui le calomnie ou l'opprime dans son honneur et sa réputation, ne saurait échapper à la loi, parce qu'aucun homme en place n'est assez puissant pour soustraire le coupable à la peine qu'elle prononce contre lui. La profession de journaliste, est donc, en Angleterre, celle de l'homme de lettres; elle est noble, indépendante et patriotique.

En rendant aux rédacteurs des feuilles publiques de ce royaume la justice qu'ils méritent, l'on avoue avec la même franchise qu'on y trouve des écrivains peu estimables, des hommes qui se souillent d'opprobres, et qui déshonoreraient les lettres, si on pouvait déshonorer ce qui a adouci les mœurs, et ce qui fait la dignité de l'homme : mais, la masse des journalistes et des écrivains anglais est bonne et dirigée par des principes généreux. S'il n'en est pas de même en France, on doit convenir cependant qu'il existe, parmi nos écrivains, des âmes probes et courageuses, des esprits forts, éclairés, et dignes de remplir leur noble ministère: Je déclare avec vérité qu'en traitant un pareil sujet, je ne fais acception ni de gouvernement, ni de personnes; je parle en général, et je proteste d'avance contre toutes les applications qu'on chercherait méchamment à m'attribuer dans ces pages.

En général, les journalistes ont été constamment en France, depuis la révolution, les organes de la calomnie et les persécuteurs les plus déhontés de tous les hommes faibles, proscrits ou malheureux. Sans remonter à l'origine de nos troubles, à ces fatales époques qu'il est du devoir de tout bon Français d'ensevelir dans un silence profond, que d'injures et de proscriptions nos feuilles publiques n'ont-elles pas vomies contre les victimes du 13 vendémiaire, du 18 fructidor et du 18 brumaire, victimes auxquelles les mêmes écrivains prodiguent maintenant les bénédictions et les éloges ? Ils ont été, pour la plupart, vils flatteurs de chaque nouveau ministre, de chaque révolution nouvelle ; successivement aux ordres et aux gages des dépositaires de la tyrannie, ils ont obéi à toutes ses impulsions, et célébré ses plus honteuses époques ; on les a vus servir le despotisme et la liberté par trimestre, prendre leurs opinions dans le porte-feuille d'un ministre, et puiser leur patriotisme dans son coffre : car, l'hypocrisie du patriotisme a été le caractère distinctif de notre révolution.

Telles ont été la corruption et la vénalité de certains journalistes ou écrivains, que, jusques au 1er. avril dernier, il a été permis de les envisager comme une espèce de mobilier de la couronne ; mobilier, composé de calomniateurs, d'espions, de délateurs, de poètes, de chansonniers, de faiseurs de pièces de circonstance, etc. ; mobilier inventorié dans les bureaux et qui passe, comme la griffe, d'un ministre à l'autre. De tels hommes, n'ayant que des opinions versatiles, attendent dans son anti-chambre l'opinion qu'ils doivent émettre le lendemain ; ils pensent par ordre, et ce qu'on appelle l'opinion publique n'est pour eux qu'une *affaire de bourse*, dans toute l'étendue du mot. Ces écrivains font de leur place une spéculation, ils sont créanciers-viagers du despotisme, et il en est dont on trouve les noms jusques dans le budjet du ministre qui portait au tableau des dépenses de son département, *pour esprit public*, 6,000 fr., pour *enthousiasme*, 3,000 fr. On voit que des journalistes se chargent des articles *à juste prix*.

On dira, peut-être, que je charge les choses ; mais, qui ne connaît pas le ministre et le journaliste dont on veut parler ici ?

Dira-t-on que je calomnie certains journalistes ? Mais, M. l'abbé de Montesquiou nous a déclaré qu'il dépendait d'un ministre de les *acheter*, qu'il ne s'agissait que de leur donner plus d'argent qu'ils n'en reçoivent d'un autre.

Ainsi, selon M. l'abbé de Montesquiou, un journaliste dit ; donnez-moi de l'argent, je louerai ou je blâmerai à volonté.

Il faut avouer, je le répète, que, parmi les journalistes, il y a des hommes savans, des hommes d'un grand mérite, de très-bons écrivains; il y en a même qui connaissent bien l'histoire générale, et surtout celle des Hébreux : l'un de ces messieurs (et ne chercherait-il pas à me flatter,) vient de me comparer à un conseiller du roi David, nommé *Architophel*, cela m'a fait réfléchir qu'en effet ces messieurs devaient, pour la plupart, connaître à fond l'histoire des Juifs, car on les appelle partout les *Juifs-fripiers de la littérature*. On dit que, semblables à ces bons Israélites, ils rendent service ou ruinent tout le monde, quoiqu'ils ne possédent rien ; ils agiotent sans cesse les capitaux des autres, et les font passer de *feuille en feuille* : ce sont des usuriers de renommée et des courtiers de réputation. Et c'est ainsi que le commerce littéraire de l'Europe semble prospérer par leurs mains, et dépendre de leurs richesses propres, tandis qu'il ne dépend que de leur agiotage, et qu'ils ne sont que les misérables agens de la fortune des autres.

« Certains journalistes, dit Hume, ressem-
« blent à ces chiens qui, étant élevés à aboyer

» contre les passans, finissent par aboyer » même contre leur maître. » En vérité, je n'aurais pas osé dire cela ; il n'y a qu'un Anglais, et de plus un ministre presbytérien qui puisse en être capable, encore s'il avait désigné *l'espèce!* Je laisse à M. Hume toute la responsabilité de la comparaison, quoiqu'il soit déjà responsable de son histoire d'Angleterre, ouvrage où l'on ne trouve que du patriotisme, de la profondeur, de la vérité et de l'énergie. Mais, pour en revenir au mot du Tacite anglais, la plupart de nos journalistes, après avoir aboyé contre *tous les passans* de la révolution, contre tous les hommes qui ont tour à tour gouverné en France, ont aboyé encore plus fort quand ils ont été *passés*. Car, les hommes qu'ils attaquent sont toujours ceux qui ne sont plus en crédit ou en place ; les hommes qu'ils défendent sont ceux qui sont montés au pouvoir et à la faveur, et ils les attaqueront un jour lorsqu'ils en descendront.

Et que sont donc ces personnages qui veulent demander à tous les Français, sous peine de diffamation, de calomnie au premier-chef, d'excommunication politique et civile (car, les excommunications de toute espèce sont aujourd'hui à la mode,) une opinion constante et uniforme depuis vingt-cinq ans, lorsque toutes les phases de notre terrible révolution ont changé, en France, les idées, les institutions et les lois? lorsqu'ils ont eux-mêmes changé tous les matins, depuis 25 ans, de style, d'idées, de Mécènes et de livrées; lorsque le ministre devant lequel ils étaient hier à genoux, ils le mettent en pièces pour plaire au ministre d'aujourd'hui? Un journaliste connu n'a-t-il pas annoncé très-sérieusement, il n'y a pas encore quatre années, l'intention où il était d'ajouter un treizième chant à l'Enéide, en l'honneur de Napoléon? cet excellent Français trouvait ce poëme *incomplet;* il excusait cependant le prince des poètes latins en convenant que Virgile n'avait pu imaginer, qu'il paraîtrait un jour un génie aussi *divin* que le chef du gouvernement impérial! Si l'auteur de cette petite anecdote avait par hasard oublié son nom, nous nous engageons à le faire consigner dans les gazettes.

Ainsi, des hommes qui ont été honteusement aux ordres de tous les partis et de tous les événemens, ne veulent point souffrir que d'autres hommes aient été forcément soumis à la même influence des événemens et des personnes? et qui a le droit, en France, de jeter la première pierre à la femme adultère; où est le sage qui n'a point erré, qu'il se nomme! Quel est le citoyen, quel qu'il soit, qui peut se dire irréprochable, dans cette immense période de fautes et d'erreurs, que la magnanimité et la sagesse de notre Roi ont, pour ainsi dire, voulu effacer de notre histoire, en proscrivant la recherche des opinions et votes émis *jusques à la restauration*, en commandant à tous les Français l'oubli du passé? *L'oubli du passé*, seule expiation qui puisse nous mériter le pardon de la postérité, et empêcher que notre histoire ne devienne notre honte éternelle? Ah! que notre générosité survive du moins à nos fureurs; que notre sagesse politique et notre gloire militaire déposent du moins, pour nous, à l'inflexible tribunal de l'histoire! sachons apprécier et les services de nos soldats, et les services de nos magistrats; ne démentons plus notre propre honneur, notre propre intérêt; il en est temps pour le salut de la patrie: soyons justes envers la gloire, la fortune, le malheur, envers nous-mêmes: ne rappelons pas sans cesse nos épouvantables discordes si nous voulons, sincèrement, y mettre un terme; oublions des événemens qui se sont joués de notre prudence, auxquels tout le monde a obéi, dont nous sommes tous complices, et dont personne n'est plus coupable depuis le 4 juin.

Un publiciste anglais, Jme. Bentham (de la législation), dit : « Dans les guerres civiles, » comme dans les révolutions politiques, il » n'y a ni crime ni culpabilité, parce que » toutes les opinions y sont de bonne foi. Tant » que la guerre dure, on se tue à outrance; » après le combat, les vaincus et les vain- » queurs s'embrassent. » Voilà une maxime de conciliation et de paix; pourquoi ne pas la suivre, pourquoi diffamer et *récriminer* sans cesse, lorsqu'on est à peine hors du tribunal? Veut-on renouveller les discussions et la guerre civile? Veut-on que la France ait à déplorer une Saint-Barthélemy politique, comme elle a eu à rougir d'une Saint-Barthélemy religieuse? Les journalistes ont-ils acquis, au moins, le droit de récriminer contre les événemens et les individus?... Mais quelle différence n'a-t-on pas aperçu entre les journalistes du 31 mars, et les journalistes du 1er. avril 1814? Naguère, ces messieurs vociféraient contre les institutions antérieures à 1789; ils manifestaient une haine sincère contre le préjugé de la naissance; maintenant ils proclament, et ces institutions, et ce préjugé comme le chef-d'œuvre de la législation et les seuls gages de la félicité publique! Ils nous entretenaient, il n'y a pas encore six mois, de la *perfectibilité* de l'esprit humain, ils étaient fiers des lumières du dix-huitième siècle, et aujourd'hui, ils veulent nous reconduire aux siècles de l'ignorance, de la superstition et de l'intolérauce, à ces temps *fortunés* où les peuples étaient des troupeaux, où les nobles étaient des pâtres, où un moine disposait de la couronne d'un roi de France, et où les Français étaient serfs et de corps et d'esprit. Ils veulent, avec une inquiète complaisance, nous ramener vers l'heureuse féodalité de Charles-Martel, vers la charte d'affranchissement de Louis-le-Gros; et, dans leur *enthousiasme* pour les principes ultramontains et les *lumières* du moyen âge, peu s'en faut qu'ils n'invoquent le retour de ces bons Jésuites (1), des moines et de l'inquisition sacerdotale; peu s'en faut qu'ils n'invoquent la résurrection des Parlemens, du Châtelet, des Présidiaux, des Conseillers du Roi mesureurs de charbon, langayeurs de porc, etc., de la Sorbonne et des Confréries du treizième siècle; peu s'en faut qu'ils ne demandent l'interdiction du Jury, l'abolition des

---

(1) Les premiers Jésuites établis à Paris furent les émissaires de P[illegible]pe II, qui fondait une partie de sa grandeur sur les misères de la France.

judicatures de paix, et le remplacement de nos Cours de justice, de ces corps respectables qui ont mérité la considération publique; enfin, peu s'en faut qu'ils ne chassent de nos assemblées les communes que Philippe-le-Bel appela aux représentations nationales, dites alors Etats-généraux.

Ils ne savent donc pas, ces apprentis en politique, et même en révolution, ces étourdis qui galopent les yeux fermés sur les bords d'un abîme, que tout est ancien et nouveau à la fois dans ce monde, dans l'ordre moral comme dans l'ordre physique; qu'une révolution qui a changé de fond en comble la propriété et les lois, ne se casse pas comme des *protestations* de parlemens; que, pour détruire les partis, il faut les fondre par la clémence, et non les *aheurter* par la rigueur; que, pour conquérir les cœurs, il faut persuader et non pas contraindre, être bon encore plus que juste; que l'esprit humain ne *désapprend* rien, ne rétrograde jamais, n'est jamais stationnaire, et ne redevient point esclave lorsqu'il a été libre; qu'un roi est au-dessus de tout, mais que la loi est au-dessus du roi dans l'ordre social; qu'enfin la prudence, la sagesse, la justice et la politique, ordonnent également d'oublier le mal, de consacrer le bien, d'adopter ce qui est utile, d'honorer ce qui est estimable, d'exécuter fidèlement envers tous ce qui a été volontairement promis à tous, et de vouloir avec franchise ce que l'opinion générale veut avec raison.

Honorons, et honorons à jamais ces maréchaux, ces braves armées, ces illustres soldats qui défendirent notre territoire, et devant qui l'Europe entière trembla; rendons justice à ces magistrats, à ces députés qui défendirent la liberté et les lois contre l'anarchie et le despotisme, qui s'égarèrent souvent, mais dont une nation toute entière partagea les erreurs; et surtout ne récriminons contre personne, dans cette révolution où tout le monde est plus ou moins impliqué. Voilà ce que l'intérêt de l'Etat, ce que tous les intérêts particuliers ordonnent impérieusement! Voilà le seul système de conciliation, le seul moyen d'appaiser les amours-propres, de calmer les passions; elles demandent des ménagemens extrêmes, tant leur irritation fut violente: le volcan révolutionnaire ne jette plus de lave, mais il fume encore!

Donner, aujourd'hui, à l'opinion publique une direction contraire à l'esprit d'une franche et noble réconciliation, ce serait s'exposer d'une manière certaine à de nouveaux déchiremens, à une subversion dont les conséquences seraient incalculables. L'avenir de l'Etat, du trône, des sujets, est tout entier dans le présent, c'est-à-dire, que le salut commun dépend de *la loyauté* et des sacrifices que chacun apportera dans la grande restauration. Vouloir revenir aux principes et aux choses du régime de 1789, ce serait s'exposer à tout perdre, et à tout perdre sans ressource !

Mais ce régime de 1789, avec ses privilèges et ses parlemens, n'était pas lui-même *l'ancien* régime; il y a, dans ce mot, un anachronisme qui dure depuis quatorze-cents ans.

Le régime de 1789 était le *nouveau* régime, comparativement au régime féodal et nobilière, attaqué et anéanti par Louis XI, et par le cardinal de Richelieu. Le régime de Louis XI qui fit périr quatre mille gentilshommes sous son règne, était le *nouveau* régime, comparativement à celui de Hugues-Capet, de Charlemagne et de Pépin, car il détruisait les grands vassaux, l'hérédité féodale et l'effet *constitutionnel* des bénéfices militaires. Et comme notre législation, c'est-à-dire nos réglemens des Rois ou de Cours de justice (car, jusques en 1791 nous n'avons point eu de constitution écrite), comme notre législation a changé sous chaque règne, et a été par conséquent violée dans chaque siècle, il faut, pour être juste, et conséquent envers *l'ancien* régime, remonter jusques au temps barbare de Clovis et de Pharamond, qui, du fond des marais de la Germanie, nous apportèrent leur régime; car voilà *l'ancien* régime dans toute sa pureté.

Un ambassadeur français, à Madrid, du temps de Charles-Quint, faisait valoir, pour obtenir quelques indemnités politiques, les droits de son maître sur les Etats de Milan et de Naples; le premier ministre espagnol demanda quelque temps pour examiner cette réclamation. Il passa une note diplomatique au ministre français, dans laquelle il demandait, avant de donner l'indemnité au sujet de Naples et de Milan, la restitution des Gaules, attendu que Trajan, né à Séville, les avait possédées comme Empereur romain. La note du ministre de France n'eut pas de suite; mais celle du ministre espagnol est un satyre ingénieuse et vraie de tous les anciens régimes possibles: elle est applicable aux intérêts, aux principes politiques de tous les partis, elle l'est encore à tous les objets de mœurs et de coutumes que chaque génération peut aussi appeler son ancien régime.

Telle est cependant l'absurdité où conduisent les déclamations parlementaires ou les prétentions féodales. Pour les soutenir avec quelque apparence de raison, il faudrait que nous eussions renoncé à penser et à écrire, que tous les Français renonçassent aux études classiques, aux ouvrages des hommes de génie, aux vues des grands hommes d'Etat, à l'expérience des choses. Ce n'est pas tout, il faudrait encore obliger chaque individu de renoncer à sa propre expérience, à son intérêt et même à sa volonté : il faudrait enfin renoncer à cette belle invention de l'imprimerie; et que deviendraient alors les journalistes?....... Et leurs gages?

Tout change et changera éternellement dans nous et autour de nous, et les lois politiques encore plus que les propriétés particulières. Nous avons aujourd'hui, non pas l'ancien, non pas le nouveau régime, mais *le régime de la charte.* Tenons-nous y pour le bonheur, pour le salut de TOUS; pratiquons religieusement ses maximes, ne nous hasardons pas sans mâts et sans voiles sur des mers orageuses, et soyons assez prudens pour ne pas sortir de ce port où le vaisseau de l'Etat, battu de si affreuses tempêtes, a miraculeusement surgi, grâces à l'habileté et à la sagesse de son royal pilote.

Nos journalistes vont toujours trop loin; parler comme ils parlent, c'est méconnaître les lumières et les intentions de Louis XVIII, de ce prince qui a été assez grand pour obéir de lui-même *aux progrès toujours croissans des lumières, aux rapports que ces progrès ont introduits dans la société, à la direction imprimée aux esprits depuis un demi siècle, et aux graves altérations qui en sont résultées.*

Une vérité que les rois, les ministres et les courtisans, devraient avoir sans cesse présente à l'esprit, c'est celle-ci: La force, proprement dite, n'est point une puissance absolue; c'est l'opinion qu'est cette puissance et qui triomphe tôt ou tard de la force.

L'esprit et les motifs de la charte sont renfermés dans les paroles, profondes et libérales, que Sa Majesté a daigné placer en tête de l'acte fondamental de nos droits. Cette charte a donc tout jugé, tout prévu, tout réprimé. Il est glorieux pour la nation française de voir son monarque assortir les institutions politiques aux progrès du siècle et de la civilisation générale, il est consolant pour nous de recevoir de semblables institutions de la main d'un petit-fils d'Henri IV, de ce prince de Béarn qui écrivait : *Et qui oserait dire que le roi de Navarre a jamais manqué à sa parole !....*

Nous respirons sous la bienfaisante égide de notre souverain légitime ; nous avons enfin renversé toutes les espèces de tyrannie, même celles de la liberté et de la gloire ! Quelle est donc cette puissance nouvelle qui, le bras armé de *feuilles* comme la Sybille, et attendant toujours comme elle le rameau d'or, se croit inviolable derrière *la censure*, et calomnie à dire d'experts tout ce qui a été dit, tout ce qui a été fait depuis 1789 ? Quel est ce mauvais génie, ce génie des troubles et des séditions, qui prétend ravir à nos braves armées, à nos invincibles soldats, couverts de cicatrices et de lauriers, la gloire dont ils sont en possession depuis vingt années ; qui prétend ravir à nos magistrats leur réputation, aux écrivains leur renommée, aux sages leur mérite, aux citoyens leur dévouement, à tout le monde ses services, et aux coupables même leur repentir ? Quel est ce système de dénigrement qui, toujours esclave des circonstances, répand la versatilité et les doutes jusques sur les points fondamentaux de l'ordre politique?.... Certes, il importe essentiellement à l'Etat que les journaux ne propagent point cet esprit *inconsistant* et léger qui fait dégrader, à force de zèle et d'exagération dans ce zèle hypocrite, les institutions les plus estimables, qui fait dédaigner toutes les vues de bien public, et qui finit par ôter la sanction aux choses les plus respectables de l'état social; car de tels principes, un tel système, finiraient par *établir* la secte des gens qui n'aiment rien et qui se désintéressent de tout, qui ne croient à aucune vertu, qui se moquent de toute probité, qui décrient tous les droits et qui persifflent tout; secte que l'on pourrait appeler la secte des *Riennistes* : et alors, une nation arrive à ce degré de corruption où chacun dit, *que m'importe?* à ce degré de dépravation où les lois ne peuvent plus la gouverner, et où les étrangers peuvent la démembrer.

Son Exc. M. l'abbé de Montesquiou n'a pas craint d'avancer, « qu'il importe de laisser au Roi le droit de permettre la publication des écrits périodiques, comme un moyen qui offre une double garantie de sécurité; car, les ministres deviennent alors responsables de l'influence des journaux autorisés. » (Et peut-il y avoir, en France, des journaux non autorisés, si la censure est établie, c'est se moquer de notre bonne foi.) Ce raisonnement est faux, de plus il est inconstitutionnel. D'abord, quelle créance peuvent obtenir des feuilles périodiques *soumises à un censeur établi par le gouvernement?* Quelle confiance peuvent inspirer des écrivains dont les opinions seront commandées, dont les flatteries seront officielles, et auxquels tout sera prescrit jusques au silence? Il est des circonstances, tout le monde les aperçoit, où il suffira à un journaliste, attaqué pour fait de calomnie, de répondre, non pas qu'il est dirigé par des hommes puissans et dominé par une influence supérieure, mais qu'il s'est conformé aux réglemens de la *censure;* et, dans ce cas, je le demande à tout le monde, excepté aux ministres : quels moyens restera-t-il pour remonter jusques à la source de la calomnie, comment faire entendre sa voix à ses concitoyens ? On a beau se retourner en tout sens, on ne trouve qu'une seule garantie *réelle* des droits politiques et civils, ou de la charte; cette garantie est la responsabilité des ministres, et par conséquent la liberté de la presse; car, si la *censure* est établie, la responsabilité des ministres est illusoire, puisqu'il est en leur pouvoir de faire attaquer qui bon leur semble, sans que personne ait la faculté de leur répondre; « la » liberté de la presse sera pleine et entière » pour eux et leurs amis, les autres s'en pas» seront. »

Mais, de même qu'on n'entre dans une citadelle qu'avec le canon, la vérité ne peut entrer, dans un palais, qu'avec l'imprimerie.

Il ne suffit donc pas à la tranquillité de l'état, à la sureté des citoyens, que les ministres soient responsables des troubles qu'ils pourraient exciter, des guerres civiles qu'ils pourraient préparer, même sans le vouloir; et l'on ne révoquera pas en doute la possibilité de ces circonstances, puisque la charte les prévoit. Ne sont-ce pas d'ailleurs les perfides conseillers de Charles IX qui provoquèrent cette journée, à jamais infâme, de la Saint Barthélemy; n'a-t-on pas vu Louvois précipiter Louis XIV dans une guerre nouvelle, et faire incendier le Palatinat, afin de prévenir la disgrâce qu'une observation sur la croisée de Trianon allait entraîner? n'a-t-on pas vu le maréchal de Luxembourg, après avoir remporté plusieurs victoires célèbres, entr'autres celles de Fleurus et de Nerwinde, renfermé, *comme sorcier*, dans un cachot de la Bastille par les caprices et le despotisme ministériel de ce même Louvois ? Ah, qu'un ministre est souvent puissant en comparaison d'un Roi ! N'a-t-on pas vu, dans tous les temps, une foule de ministres proposer les mesures les plus désastreuses, les plus extrêmes, afin de se rendre nécessaires aux souverains dont ils trahissaient à la fois les intérêts et la gloire ? Il ne suffit donc pas que les finances d'un Etat ne soient pas dévorées, que la substance du peuple ne soit point agiotée, que les destinations de fonds publics ne soient pas interverties et le crédit du trésor royal compromis dans de fausses spéculations ; pour qu'un Etat soit tranquille et prospère, il faut encore que les ministres répondent de tous les attentats contre la liberté civile, contre l'honneur et la réputation des sujets. L'honneur est la vie morale; et de même qu'un agent de l'autorité serait responsable pour avoir attenté à la vie physique d'un homme, il faut qu'il le soit pour avoir attenté ou fait attenter à son existence morale.

La calomnie est un assassinat. Telle est, cependant, la légèreté de nos mœurs, telle est l'habitude de beaucoup parler, de beaucoup calomnier, qu'on fait, en général, peu d'attention à ce délit, l'un des plus dangereux de la société, parce qu'il est le plus funeste dans ses conséquences, et parce qu'il répand le plus d'immoralité dans l'esprit social.

Combien de réputations honorables, combien de talens utiles ont été perdus pour l'Etat, par cet *entraînement* de calomnier que donnent les journaux, par l'impossibilité où se trouve un particulier, grâce à la *liberté* établie par la censure, de se défendre à force égale? Que m'importe d'avoir une épée à la main, si mon adversaire est armé d'une carabine; les armes doivent être égales, surtout lorsque la défense est légitime. Les journaux parlent tous les jours, ils sont d'une communication rapide et générale, ce qui rend les erreurs politiques et le poison de la calomnie qu'ils peuvent verser dans l'opinion d'autant plus dangereux; ces feuilles sont à la portée de tous les esprits, de toutes les fortunes et de toutes les haines; et la frivolité de nos mœurs est si grande qu'elle établit une sorte d'impunité en faveur des calomniateurs, s'ils le sont avec esprit, ce qui est devenu facile jusques à la honte; on dirait que la calomnie est le patrimoine des grandes villes, et le dernier repas de la corruption politique. L'oisiveté lit tout, la méchanceté croit tout; vous arrivez toujours trop tard, vous n'êtes jamais entendu! L'Angleterre est le seul pays de l'Europe où un citoyen honnête, mais obscur, jouisse du droit de faire entendre sa voix au moment même où il est persécuté.

Il y a bien, dans notre Code pénal, des lois sur la calomnie; mais elles ne s'appliquent que de particulier à particulier. Ce que j'attaque ici, c'est le monopole de la calomnie (1), patenté, privilégié; monopole contre lequel il est impossible à tout citoyen de se défendre, si la liberté de la presse est à la disposition des ministres, si quelques journalistes, armés de la *censure*, ont seuls le droit d'en user.

On parle beaucoup de la responsabilité des ministres, mais pourquoi n'établirait-on pas

---

(1) Rien ne ressemble autant que les journaux aux libelles et aux écrits *anonymes*. Ils attaquent dans les ténèbres, ils ne signent pas leurs calomnies; quelquefois seulement, de fausses lettres initiales cachent les noms des aggresseurs ou des libellistes; en sorte que l'homme qui calomnie dans les journaux est à peu près sûr de l'impunité; *la loi ne peut pas le trouver*.

Le citoyen calomnié veut-il faire insérer ses justes réclamations dans le journal où il a été si publiquement offensé, la chose est impossible; il faudrait, pour celle des journalistes ? Si la première intéresse la sureté de l'Etat, ses finances et ses

---

cela, être l'ami des rédacteurs, du censeur, et si l'on avait ce rare avantage, l'on ne serait pas *calomnié*? Le citoyen veut-il faire insérer ses réclamations dans une autre feuille publique, il trouve, et la *censure*, et *l'esprit de corps* qui lui opposent des difficultés insurmontables : ainsi la calomnie a germé dans l'opinion publique, et l'homme calomnié ne peut plus l'en arracher.

Ces messieurs ont une méthode admirable pour juger les ouvrages qui les embarrassent ; ils ne parlent point de l'ouvrage, mais ils calomnient l'auteur, ce qui *prouve* invinciblement, comme on voit, que l'ouvrage ne vaut rien et que l'auteur à tort. *Nul n'aura raison que nous et nos amis*, voilà leur devise : cela peut être très-politique dans certains cas ; mais cela ne saurait empêcher la vérité de se faire jour malgré les journalistes et la calomnie, par la raison que deux et deux feront toujours quatre, quand même un journaliste le *dirait*.

Lorsque je parle ainsi, je ne prétends point, je le répète, accuser tous les journalistes ; il est parmi eux des hommes aussi estimables qu'éclairés, des écrivains qui jouissent de toute l'estime publique.

Voyez la réponse du Journal de Paris, du 12 août dernier.

« J'ignore jusqu'à quel point il est permis à un mi-
» nistre, qui prêche contre les abus de la presse, d'a-
» buser de la liberté de la parole. Je connais quelques
» colloborateurs de journaux, qui croient avoir autant

droits, la seconde intéresse l'honneur et la vie des citoyens ; la réputation des gens de bien est aussi précieuse que les finances d'un Etat ; car, les bonnes mœurs valent bien les richesses.

La plus sûre manière d'éviter les abus, ou les excès de la liberté de la presse serait donc,

---

» droits à l'estime que certains ministres, et qui ne sont » ni à marchander, ni à vendre. »

(*Note des Rédacteurs des séances de la Chambre des Députés.*)

Ils gémissent sur les abus qu'on peut faire d'une profession qu'ils honorent par leur conduite, mais ils sont privés des moyens de corriger ces abus, ou de s'y opposer.

Pour assurer aux citoyens attaqués et calomniés dans les journaux le droit d'une légitime défense, pour établir la responsabilité voulue par les lois, on devrait forcer les journalistes à se nommer, ou bien, les *censeurs* établis par le gouvernement devraient apposer constamment leur signature, comme *responsables*, aux articles publiés par les journalistes.

Cet objet présente une importance si majeure pour la tranquilité publique, pour la sureté de l'Etat, que je n'hésiterai point à dire qu'il doit exciter toute la sollicitude de la chambre des Députés et de la chambre des Pairs ; c'est à leur sagesse qu'il appartient de proposer au Roi des lois *répressives* de la calomnie publique et privée.

de faire comme en Angleterre une bonne loi contre la calomnie employée par les écrivains de tout genre, et de rendre les tribunaux indépendans du pouvoir ministériel, d'établir par conséquent et de fixer, d'une manière précise, la responsabilité des ministres. Cela est bien simple.

Nous avons un Code pénal criminel, un Code de marine, de commerce, de police, etc., pourquoi n'aurions-nous pas un Code pénal des ministres? Qu'on définisse bien les délits dont les agens de l'autorité peuvent se rendre coupables envers l'Etat, envers les citoyens, et que la peine soit applicable à chaque espèce de délits conformément aux lois établies dans les poursuites judiciaires. La charte défère aux deux chambres de la législation l'accusation et la poursuite des délits dont les ministres peuvent se rendre coupables envers l'Etat, c'est-à-dire la trahison et la concussion; mais quant aux délits dont ils peuvent se rendre coupables contre les citoyens, c'est-à-dire, les attentats à la liberté civile et à l'honneur des sujets, il faut que les ministres soient, comme le reste des sujets, renvoyés devant les tribunaux ordinaires. Cette marche ne serait pas nouvelle, et de plus elle est essentiellement contitutionnelle.

L'article 1er de la charte déclare, « que les » Français sont égaux devant la loi, *quels que » soient d'ailleurs leurs titres et leurs rangs.* » Eusuite, ce point de législation a été depuis long-temps reconnu en France ; on le trouve dans les ordonnances faites aux Etats-généraux par le chancelier de L'hospital dans l'assemblée des notables convoquée à Moulins, elle déclare les ministres *justiciables des tribunaux ordinaires.* Il serait aussi dangereux pour eux que pour la nation qu'ils pussent être renvoyés devant des *commissions*; genre de tribunal, contre lequel se sont toujours élevés l'opinion publique, les historiens, les Etats-généraux et même les parlemens. Qui ne connaît la réponse du moine de Marcoussy à François 1er, qui ne sait que le mot *commission* est synonyme du mot injustice ? Fouquet et Cinq-Mars furent des victimes des commissions, et leurs condamnations seront à jamais une tâche pour les gouvernemens qui les provoquèrent.

Je ne citerai qu'un seul exemple pour montrer que la liberté civile des sujets ne peut être garantie que par le renvoi des agens de l'autorité devant les tribunaux ordinaires. On lit dans Voltaire, questions sur l'Encyclopédie, que sous le règne de Louis XV, la comtesse de Lancize, enlevée mourante de son lit et enfermée dans les cachots en vertu d'une lettre de cachet, ne put trouver d'appui que dans le parlement de Paris; elle parvint à y faire condamner, (le fameux avocat Gerbier plaidant pour elle,) les provocateurs de lettre de cachet à de très-forts dommages et intérêts.

Tout le monde connaît la réponse de Louis XV à ce grand seigneur qui lui racontait les accidens occasionnés chaque jour par les cabriolets, au moment où cette mode s'introduisit dans la capitale; « Si j'étais lieutenant de police, pen-» dant vingt-quatre heures seulement, il n'y » aurait pas demain un seul cabriolet dans » Paris. » C'est ce même roi, si plein de sens et d'amour pour son peuple qui, entrant au conseil, où devait s'agiter une question de la plus haute importance, dit ces paroles; « c'est » mon opinion, et elle est juste, mais vous » verrez qu'elle ne passera pas au conseil. »

Louis XV était un excellent prince, mais il n'osait pas gouverner par lui-même. En général, les rois règnent, et les ministres gouvernent; la grande erreur des ministres est de croire qu'ils savent tout et qu'ils peuvent tout : un évêque a toujours devant les yeux le chapeau de cardinal, un ministre voit toujours pour sa retraite la dignité de premier ministre ! Mais on naît *ministre*, et on ne le devient pas ; car, les lettres patentes d'un prince ne donneront jamais le talent ou le génie à l'homme auquel la nature les a refusés.

L'établissement d'un Code pénal des ministres, qui serait précisé conformément aux droits politiques et civils que la charte garantit à tous les Français, n'a rien d'allarmant pour personne, il est rassurant pour tous ; il ne pourrait effrayer que les hommes qui auraient l'intention de contrevenir à la loi et de manquer à leurs fonctions. Le ministre vertueux est comme l'homme de bien, il ne soupçonne pas qu'il y a un Code pénal, parce qu'il ne viole aucune loi, parce qu'il n'a la pensée de faire tort à aucun individu. Le chancelier de Lhospital et Sully, Colbert, le cardinal de Fleuri, et Turgot, auraient été les premiers à solliciter l'établissement d'un tel Code, et c'est déjà une assez bonne raison en sa faveur ; je conviens que surement Louvois, l'abbé Dubois, et l'abbé Terray ne se seraient pas accommodés d'une législation semblable, et c'est encore une bonne raison pour la désirer. (1)

---

(1) J'ai parlé du despotisme du ministre Louvois, qui fit plonger le maréchal de Luxembourg dans les cachots ;

Le projet de loi présenté le 26 août à la chambre des députés, sur la responsabilité des ministres, ne paraît pas offrir *toutes* les garanties qu'exigent les droits politiques et civils du citoyen.

L'article 2 rend les ministres responsables « des abus de pouvoir par eux commis dans » l'exercice de leurs fonctions ; » Ce mot *abus* est vague, illusoire et ne définit rien ; un ministre éludera toujours victorieusement une telle accusation, lorsqu'il ne s'agira que d'a-

---

ministre, dont Turenne, lui-même, fut au moment de devenir la victime. Relativement à Dubois ; il suffira pour le peindre de dire que Michel-Ange Conti, pape sous le nom d'Innocent XIII, mourut du chagrin d'avoir créé le premier ministre abbé Dubois, cardinal. Heureusement, les Papes ne meurent plus de cette maladie.

On connaît la réponse du contrôleur-général abbé Terray, à ce grand seigneur de la cour, qui lui reprochait ses créations fiscales, et qui, en parlant des *vingtièmes*, lui disait ; « mais, monseigneur, c'est voler l'argent dans les poches. » *Et où voulez-vous donc que j'en prenne*, répondit le ministre ?

On conviendra, je pense, que la responsabilité aurait été nécessaire contre ces trois ministres.

Et si elle eût existé, que de maux eussent été évités, et combien les Français eussent béni leur roi, que ces ministres faisaient haïr de son peuple.

bus de pouvoir contre un simple particulier. Il faut, ce semble, une définition précise de l'abus d'autorité, des vexations et de ce qui les caractérise.

Le n°. 3 de l'article 4 établit la culpabilité d'un ministre, « lorsqu'il contresigne un acte » de l'autorite *royale* qui ne devrait émaner » que du concours des trois branches de l'auto- » rité *législative*, ou qu'il ordonne l'exécution » de cet acte inconstitutionnel et surpris à la » signature du roi. »

Cela est positif, et cependant cela ne garantit rien. En effet, quels sont les actes qui ne doivent émaner que du concours des trois branches de l'autorité législative, et quels sont les actes qui ne doivent pas émaner de ce concours? Qui désignera le caractère de légalité ou d'illégalité de ces actes? A quel signe certain pourra-t-on reconnaître si les ordonnances ou réglemens promulgués par le Roi, rentrent dans l'article 14 de la charte, relativement à l'exécution des lois et à la sureté de l'Etat, qui ne concerne que la puissance exécutive, ou dans l'article 15 de cette charte, qui concerne spécialement la puissance législative? La responsabilité ministérielle échappe donc de toutes parts, parce qu'elle est vague, indéfinie, et par conséquent illusoire.

On ne saurait préciser trop scrupuleusement les attributions de la puissance législative, puisque le despotisme est *à une ligne près* de ses frontières ; car, une ordonnance ou réglement qui serait promulgué en vertu de l'art. 14 de la charte et qui ne devrait l'être, cependant, qu'en vertu de l'article 15, violerait la charte constitutionnelle dans ses bases fondamentales, dans son essence même. Nous retomberions dans le vague despotisme des Senatus-Consultes *organiques* qui détruisirent la Constitution même, sous prétexte d'en *développer* les dispositions et d'en assurer l'exécution.

Le n°. 4 de l'article 3 établit la culpabilité d'un ministre, « lorsqu'il fait ou ordonne » quelqu'acte arbitraire et attentatoire à la li- » berté individuelle, à la liberté des cultes, à » la liberté de la presse, aux autres droits pu- » blics, à l'irrévocabilité de la vente des biens » nationaux. »

Cet article est d'une importance majeure pour tous les citoyens. Le mot *droits publics* est trop vague : l'article 11 de la charte, relatif à l'interdiction des recherches des opinions et votes émis, devrait en faire textuellement partie. L'on pourrait encore désirer que la loi renfermât ces mots : *Et tous actes, ainsi que toutes interprétations, attentatoires au texte et à l'esprit de la charte.*

La garantie des libertés politiques et civiles dépend, réellement, de la loi qui sera rendue sur la responsabilité des ministres; les deux chambres législatives ne sauraient trop en préciser les dispositions, car les ministres ont l'art d'éluder les lois en les interprétant; déjà ils ont si bien *interprété* l'article 8 de la charte, que la liberté de la presse serait anéantie, si le projet de loi, adopté avec amendemens par la chambre des Pairs, était définitivement adopté par celle des Députés.

Mais, plus ce projet de loi marche, plus il fait de faux pas; la loi de la *censure* est presque morte en naissant. Cela prouve combien il a fallu, je ne dirai pas faire jouer de ressorts secrets, mais employer de subterfuges et de mauvaise foi pour renverser le sens des mots, pour violer à la fois la raison, la justice et la charte. Voilà où conduisent les chicanes de palais lorsqu'on les introduit dans la discussion des lois, lorsque des ministres en font une des ressources de l'initiative qui leur est accordée, et cela tend évidemment à rendre la législation vicieuse ou nulle. En effet, si l'une des chambres adopte, et si l'autre rejette soit le corps de la loi, soit les amendemens, alors il n'y a pas de loi; et si les amendemens se multiplient dans le cours de la discussion, la loi est nécessairement mauvaise, puisqu'on ne peut parvenir à la créer qu'en la mutilant, en la modifiant sans cesse : or, modifier veut dire, je crois, altérer.

Le projet de loi sur la presse a été adopté, avec amendemens, par la chambre des Pairs, mais elle en a rejetté le préambule adopté par celle des Députés. Le préambule est le motif, la raison de la loi, il en est *l'esprit;* en le rejetant, la chambre des Pairs a, par conséquent, déclaré *inconstitutionnel* le projet de loi relatif à la liberté de la presse, et si ce projet de loi est inconstitutionnel, la chambre des Députés ne peut l'adopter : celle-ci discutera-t-elle, d'ailleurs, le projet en son ensemble, tel qu'il est sorti de la délibération des pairs, ou se bornera-t-elle à la discussion des amendemens qu'il y a subi? L'on voit que, dans tous les cas, la chambre des Députés ne peut l'adopter sans se mettre en contradiction avec elle-même, et sans violer la charte d'une manière positive.

L'établissement de la *censure* rendrait nulle, de fait, la responsabilité des ministres, puisqu'il ne serait permis à personne de manifester ses opinions sur les actes de leur administration; et nous serions, de plus, soumis à l'inquisition des Révérends Pères journalistes. En m'exprimant ainsi, je parle, non contre les ministres, non contre les individus investis de la confiance d'un souverain, mais contre le pouvoir ministériel, ses abus et ses excès. La libre manifestation de la pensée et la responsabilité des ministres, sont les seules garanties véritables que puissent avoir nos droits politiques et civils, solennellement reconnus par la charte. Espérons des lumières et du patriotisme des membres de nos deux chambres législatives, qu'ils préviendront les moindres infractions que l'on voudrait faire à cette loi fondamentale du royaume; ils en sont les gardiens, ils en sont responsables envers la nation, ils n'existent que par la charte, et ils cesseraient d'exister si la charte était détruite.

Observons religieusement les maximes qu'elle renferme; et surtout ne réveillons plus des souvenirs qui doivent être effacés des esprits et des cœurs.

Ils sont bien coupables ces hommes qui

exhument, aujourd'hui, les faits, les opinions ou les erreurs de nos derniers temps; qui osent rappeler des actions, des circonstances, des écrits sur lesquels la charte a commandé *l'oubli* à tous les Français; qui, pour satisfaire des prétentions, une cupidité ou une malveillance excessives, ne craignent pas de rallumer toutes les haines et d'exciter toutes les passions! C'est méconnaître les paternelles intentions du Roi, c'est attenter aux dispositions fondamentales de la charte. Ah! rallions-nous tous, sans distinction de partis ou de régimes, autour du trône; le salut de la patrie dépend, aujourd'hui, tout entier de notre union, de notre concorde, de la stricte observation de la charte devenue loi fondamentale du royaume. Si ses principes étaient méconnus, si ses dispositions étaient violées, tout serait perdu, et les hommes qui provoqueraient une réaction nouvelle en seraient eux-mêmes les victimes; car, où est parmi eux le nouveau Josué qui dira aux révolutions de s'arrêter à leur gré?

FIN.

NOTE.

Page 3.

Ce sont les mauvais conseils qui perdent les rois. Ce sont les *Conseils* donnés par le parlement de Paris à Louis XVI, qui ont engendré la révolution et perdu le monarque.

Les parlemens ont ouvert en France l'abîme de la révolution, et ils s'y sont précipités, eux-mêmes, pour l'intérêt de leur vanité et de leur puissance; la révolution les a dévorés.

Maintenant que la révolution est finie, grâces à la sagesse et à la justice d'un roi qui nous a concédé une charte dont il veut l'observation, des hommes qui ont appartenu à la corporation détruite par la volonté de la nation, des hommes qui n'ont ni pouvoir, ni mission, ni qualité pour *remontrer*, ces hommes *protestent* contre tout ce qui s'est fait en France depuis vingt-cinq ans; ils ne craignent pas d'ouvrir l'abîme de la guerre civile et la carrière des punitions, pour satisfaire leur pouvoir et leur vanité, pour se venger de leur destrnction! Mais, la sagesse et les lumières du Roi doivent rassurer tous les Français contre la possibilité d'une réaction politique, c'est-à-dire d'une violation de la charte devenue loi fondamentale du royaume de France. Si une réaction avait lieu, ceux qui l'auraient conseillée n'en seraient-ils pas les premières victimes? Mais cette réaction, je le répète, ne peut pas avoir lieu, parce que tous les Français sont sincèrement rangés autour du trône, et de la charte constitutionnelle.

Voici l'extrait des remontrances du parlement de Paris, arrêtées le 30 avril 1788, présentées au Roi le 4 mai,

SIRE,

« La réponse de Votre Majesté le 17 de ce mois est affligeante, mais le courage de votre parlement n'en est point abattu. L'excès du despotisme était l'unique ressource des ennemis de la *nation* et de la *vérité*, ils n'ont pas craint de l'employer, leur succès est le présage des plus grands maux.

» La marche des ministres ambitieux est toujours la même. Etendre leur pouvoir sous le nom du roi, voilà leur but, calomnier les magistrats, voilà leurs moyens.

» Fidèles à cette ancienne et funeste méthode, ils nous imputent le projet insensé d'établir dans le royaume une aristocratie de magistrats. Mais quel moment ont-ils choisi pour cette imputation, celui où votre parlement éclairé par les faits, et revenant sur ses pas, prouve qu'il est plus attaché *aux droits de la nation* qu'à ses propres exemples.

» La constitution française paraissait oubliée; on traitait de chimères l'assemblée des Etats-généraux. Richelieu et ses cruautés, Louis XIV et sa gloire, la régence et ses désordres, les ministres du feu roi et leur insensibilité, semblaient avoir pour jamais effacé des esprits et des cœurs *jusques au nom de la nation*.

» Tous les états par où passent les peuples pour arriver à l'abandon d'eux-mêmes, terreur, enthousiasme, corruption, indifférence, le ministère n'avait rien négligé pour y faire tomber la nation française.

» Mais, il restait le parlement ; on le croyait frappé d'une léthargie en apparence universelle, on se trompait.

» Averti *tout-à-coup* de l'état des finances, forcé de l'expliquer sur deux édits désastreux, (le timbre et l'impôt territorial; les propriétés de MM. du parlement eussent subi une augmentation d'impôts; quelle *injustice* et quel désastre *national !*) il s'inquiète, il *cesse de se faire illusion*, il juge de l'avenir par le passé, *il ne voit pour la nation qu'une ressource*, LA NATION ELLE MÊME. Bientôt après de mûres refléxions, il se décide. Il donne à l'univers l'exemple inoui d'un corps antique, d'un corps accrédité, tenant aux racines de l'état, qui remet de lui-même à ses concitoyens un grand pouvoir dont il usait pour eux *depuis un siècle*, MAIS SANS LEUR CONSENTEMENT. Un prompt succès répond à son *courage* : le 6 juillet il exprime le *vœu* des Etats-généraux, le 19 septembre il déclare formellement *sa propre incompétence*, le 19 novembre S. M. annonce elle-même les Etats-généraux, le lendemain elle les promet et en fixe le terme; SA PAROLE EST SACRÉE.

» Qu'on trouve sur la terre, qu'on cherche dans l'histoire un seul empire où *le Roi et la Nation* aient fait paisiblement *d'aussi grands pas*; le Roi, *vers la justice*; la Nation, *vers la liberté*? Les Etats-généraux seront donc assemblés, les Etats-généraux rentreront donc dans leurs droits

» Nous pouvons le demander à vos ministres : à qui le

Roi doit-il *ce grand dessein*, à qui la Nation doit-elle un si grand bienfait? Et vos ministres osent nous accuser auprès du peuple, auprès du Roi, d'aspirer au pouvoir aristocratique.

» On n'avait pas songé à nous faire ce reproche en 1697, quand votre parlement enregistrait la capitation, en 1710 quand il enregistrait le dixième; depuis 1710 jusques en 1782, quand il en consentait la prorogation, l'accroissement au moyen d'un troisième vingtième; quel est donc ce nouveau zèle? Les ministres ne doutent pas de nos pouvoirs, et ils ne doutent pas de nos bonnes intentions *tant qu'ils espèrent d'abuser de nos suffrages pour accabler la Nation d'emprunts et d'impôts;* ils ne voyent plus en nous que d'ambitieux aristocrates, quand nous refusons de partager leur despotisme! non, Sire, point d'aristocratie en France, mais point de *despotisme*, c'est le vœu de votre parlement c'est *l'intérêt* de Votre Majesté..... Chaque sujet à ses juges naturels, chaque citoyen a sa propriété, et s'il est pauvre, il a *du moins sa liberté*.

» Or, nous osons le demander, quels sont les *droits*, quelles sont les *lois* qui pourraient résister à la prétention annoncée par vos ministres, sous le nom de Votre Majesté?...... On prétend que les biens, la vie, la liberté, l'honneur des citoyens sont dans la main du Roi; la servitude elle-même ne tiendrait pas un langage plus vil!....

» S'agit-il d'un subside, *c'est à la nation* à l'accorder. La liberté des Etats-généraux n'a pas encore fait la mention d'un doute.

» S'agit-il d'une loi,..... mais, on ose demander

quelles sont les lois utiles dont la France est redevable à l'autorité absolue de ses rois ? etc. , etc. »

Il est inutile de faire des réflexions sur ces remontrances. Mais , ce qu'il importe de faire remarquer, c'est que les mêmes hommes qui les signèrent en 1788, déclarent aujourd'hui dans les *protestations* , etc. que nous avons indiquées , déclarent les Etats-généraux de 1789 , « Assemblée *illegale* , *nulle* et *abusive dès son principe* , et qui a renversé de fond en comble la monarchie, précisément parce que l'on a violé , pour sa convocation , la loi fondamentale et constitutionnelle de la représentation des trois ordres. » Ces hommes invoquent hautement la vengeance et les supplices ! ! ! ! Il est impossible d'être plus coupable, de montrer plus de mauvaise foi et de raisonner aussi mal : en 1789, l'assemblée constituante fut remplie de Ducs et Pairs, de premiers présidens, de présidens et de conseillers de parlemens ; et par une singularité qu'on n'a peut-être pas assez remarqué, il y avait dans l'ordre du tiers-état , plus de nobles, de magistrats et d'ecclésiastiques, qu'il n'y avait de *rôturiers* , comme on les appelait insolemment alors.

Ces hommes à *protestations*, voudraient-ils rétablir la procédure *secrète* , les jugemens à *huis-clos* , les *commissions* , les cours *prévôtales* et les chambres ardentes ? N'oublions jamais ce que dit Voltaire , dans son Histoire du parlement de Paris ; « le 5 mars 1589 , ce parlement ordonna de reconnaître le fantôme *Charles* X pour roi , et le duc de *Mayenne* lieutenant-général de l'Etat, pour maître , et il défendit sous peine de mort , d'avoir la moindre correspondauce avec *Henri* IV.... Dans les guerres de la Ligue et de la Fronde, le parlement a *mis à prix* la tête de princes, de ministres du Roi ; ce fut là le premier exemple des *proscriptions* depuis le triumvirat Romain !..... » La charte a formellement commandé *l'oubli* du passé à tous les citoyens ; et il est encore des personnes qui, dans ces *protestations*, voudraient substituer *à l'oubli* du passé...... Je m'arrête ! la parole du Roi, sa justice et l'intérêt de l'Etat, garantissent également la tranquillité et le bonheur de tous les Français.

FIN.

www.ingramcontent.com/pod-product-compliance
Lightning Source LLC
LaVergne TN
LVHW010036230826
846091LV00005B/1722

* 9 7 8 2 0 1 1 7 5 9 5 4 2 *